Faits cocasses
Charades

Illustrations :
Dominique Pelletier

Compilation :
Julie Lavoie

Éditions
■SCHOLASTIC

100 blagues! Et plus...
Nº 19
© Éditions Scholastic, 2008
Tous droits réservés
Dépôt légal : 1er trimestre 2008

ISBN-10 0-545-99224-9
ISBN-13 978-0-545-99224-4
Imprimé au Canada

Éditions Scholastic
604, rue King Ouest
Toronto (Ontario)
M5V 1E1
www.scholastic.ca/editions

Tous les 2 ans, en Angleterre,
des poilus de partout dans le monde
se rencontrent aux championnats
du monde de barbes et de moustaches.

Mon premier est ce que font les nouveau-nés après avoir bu du lait.

Mon deuxième est un pronom personnel de la 2e personne du singulier.

Mon troisième est une syllabe du mot cale qui est aussi dans le mot céréale.

Mon tout est une partie du genou.

QUE DISENT LES SARDINES QUI RENCONTRENT UN SOUS-MARIN?

RÉPONSE : REGARDEZ! DES HOMMES EN CONSERVE!

Dans le Maine, on a construit
un bonhomme de neige mesurant
près de 34 m de haut. Pour la bouche,
on a utilisé des pneus et pour les
bras, des arbres de 3 m de long!

Un papa dit à sa petite fille :

- Le vent vient de tomber...

- Où? Je ne vois pas de trou! répond la fillette.

DEVINETTE POUR LES SCIENTIFIQUES : SI UNE AUTO ROULE À 30 KM/H ET FAIT UN VIRAGE À 35 DEGRÉS, LAQUELLE DE SES ROUES TOURNE LE MOINS VITE?
RÉPONSE : LA ROUE DE SECOURS...

Il mesure 2,36 m et ses bras mesurent
plus de 1 m de long! Un des hommes
les plus grands du monde a sauvé deux
dauphins qui avaient avalé du plastique.
Pendant qu'on maintenait leurs bouches
ouvertes, l'homme a réussi, grâce à ses
longs bras, à retirer le plastique de
leurs estomacs avec ses mains!

Mon premier est un instrument
de musique anglais ou français.

Mon deuxième est ce que tu dis
de tes pieds lorsque tu retires
tes chaussures...

Mon troisième est le contraire
de vite.

Mon tout est plutôt gros.

Un homme inquiet de sa santé va voir son docteur :

- Docteur, je mange comme un cochon; je suis fort comme un bœuf; je bavarde comme une pie; je suis rusé comme un renard et je suis fier comme un paon. Et j'allais oublier... Je dors comme une marmotte. Aidez-moi docteur!

- Mon pauvre ami... vous n'êtes pas au bon endroit. Il vous faut vite voir un vétérinaire!

À la garderie, un jeune garçon explique que ses parents ont décidé de se séparer.

- Ils se chicanaient tout le temps, dit-il.

- Et maintenant, ça va mieux depuis qu'il n'y a plus de chicane? s'informe l'éducatrice.

- Maintenant, ils se chicanent au téléphone...

QUE DIT-ON D'UN CHIROPRATICIEN QUI NE DIT JAMAIS NON LORSQUE SES ENFANTS LUI DEMANDENT DE L'ARGENT?

RÉPONSE : IL N'A PAS DE COLONNE VERTÉBRALE...

On fabrique maintenant des tissus lumineux aux motifs qui peuvent changer de forme et de couleur. Un seul chandail suffit! Plus besoin de se changer!

Deux adolescents vont au cinéma. Deux jeunes filles s'installent derrière eux et se mettent à bavarder pendant le film. L'un des garçons se retourne :

- Nous n'entendons rien!

- J'espère bien! répond l'une des filles. C'est une conversation privée!

QUEL ANIMAL COURT LE PLUS VITE?

RÉPONSE : LE POU, CAR IL EST TOUJOURS EN TÊTE.

En adoptant la formation en « V »
pour voler, les canards et les oies
peuvent économiser énormément
d'énergie! L'oiseau de tête fend le vent
et ceux qui sont derrière... se reposent!

Le paratonnerre de la Tour CN est celui
qui est le plus souvent frappé par la
foudre. De 20 à 30 fois par année, la
structure la plus élevée au Canada subit
les décharges, protégeant ainsi une
grande partie de la ville.

Avant 1930, il n'y avait pas de lignes sur les routes! Un ingénieur ontarien a eu l'idée de peindre des lignes sur les routes pour aider les automobilistes à circuler de façon plus ordonnée. En peu de temps, c'était devenu la norme en Amérique du Nord.

Un visiteur demande à un employé du zoo pourquoi il pleure :

- L'éléphant est mort, répond l'homme entre deux sanglots.

- Était-il sous votre responsabilité? Était-il votre compagnon? questionne le visiteur.

- Non! Mais c'est moi qui doit faire le trou pour l'enterrer...

• •

Un client dit à la serveuse :

- Madame, j'ai vu que votre pouce trempait dans ma soupe quand vous êtes sortie de la cuisine!

- Ce n'est rien, monsieur, elle n'est pas chaude... répond la serveuse.

Tu ouvres mon premier avant d'entrer.

Mon second est une plante aromatique qui donne mauvaise haleine.

Mon tout est un site Internet.

Un homme qui souffre de troubles du sommeil se rend chez le docteur.

- Docteur, je ne sais pas ce qui m'arrive. Ça ne va plus du tout. Vous pouvez m'aider à trouver le problème?

- Humm... Je ne peux pas vous le dire avec certitude. C'est probablement à cause du café.

- Ce n'est pas grave docteur. Prenez le temps de boire votre café et je reviens dans 10 minutes.

COMMENT S'APPELLE LA FEMELLE DU HAMSTER?
RÉPONSE : AMSTERDAM.

- Ma mère a un bébé dans son ventre, dit le petit François à son ami.

- Est-ce que c'est une fille ou un garçon?

- Mes parents me l'ont dit, mais ils veulent garder le secret, répond François.

- Laisse-moi deviner! C'est une fille!

- Mais non... Tu te trompes!

En Afrique du Sud, les consommateurs soucieux de l'environnement peuvent vérifier avec leur cellulaire si un poisson fait partie d'une espèce menacée. Si le service répond par un code rouge, c'est que le commerce de l'espèce est interdit.

Un homme explique à son ami que sa femme adore la musique.

- Ma femme avait commencé à prendre des leçons de piano, mais je l'ai convaincue d'essayer la flûte traversière.

- C'est vrai que c'est moins encombrant, commente son ami.

- Ce n'est pas pour la place! C'est qu'au moins, lorsqu'elle joue de la flûte, elle ne peut pas chanter en même temps!

Deux enfants se rencontrent à la récréation.

- Comment as-tu trouvé l'examen? demande l'un.

- J'ai rendu une page blanche, répond l'autre.

- Zut! moi aussi. On va penser qu'on a copié...

Des chaussures qui avalent
la poussière! Une compagnie a mis
au point des chaussures dont les
semelles sont munies d'un système
pour aspirer les saletés.

QU'EST-CE QUE LES FACTEURS ET LES JONGLEURS ONT EN COMMUN?

RÉPONSE : ILS ONT TOUS BEAUCOUP D'ADRESSE...

Mon premier est une pièce de monnaie.

Mon second est le contraire de mieux.

Mon tout est une respiration forte.

Au Moyen Âge,
l'armure d'un chevalier pouvait
peser plus de 25 kg!

Ping! Pong! Une balle de tennis de table
est petite et légère. Mais attention!
Lorsqu'un joueur fait un smash,
la balle peut atteindre 170 km/h!

POURQUOI L'ÉLÈVE A-T-IL MANGÉ SON DEVOIR?

RÉPONSE : SON ENSEIGNANT LUI A DIT QUE C'ÉTAIT DE LA TARTE...

Mon premier est la voyelle entre les lettres f et n.

Mon deuxième te sert à broyer les aliments que tu manges.

Mon troisième est une syllabe du mot tirade qui est aussi dans potiron.

Mon quatrième est une syllabe du mot barrique qui n'est pas dans le mot barioler.

Mon tout est pareil.

Connais-tu la blague de la chaise?

- Non...

- Dommage! Elle est pliante!

● ●

Une petite fille écrit une lettre à sa sœur Valérie.

- Que c'est gentil! s'exclame sa mère. Mais pourquoi écris-tu si lentement?

- C'est que Valérie ne peut pas lire très vite...

Une femme essaie sa nouvelle décapotable sur une route de campagne non loin de sa maison. Elle aperçoit tout à coup son mari qui rame dans une chaloupe en plein milieu d'un champ. Il n'y a pas d'eau! Elle crie à pleins poumons :

- Qu'est-ce que tu fais-là? Tu rames dans la terre! C'est parce que tu fais des trucs comme ça que nos voisins nous trouvent étranges...

- Si ça ne fait pas ton affaire, viens me le dire ici! hurle l'homme.

- Depuis le temps que nous vivons ensemble, tu dois bien savoir que je ne sais pas nager!

Maison recyclée ou à recycler? Aux
États-Unis, on a utilisé des vieux
pneus d'automobiles et des canettes
d'aluminium pour construire des
maisons. Les vieux pneus remplis de
terre ont servi à faire la structure.

Un homme du Zimbabwe a fait
un discours public de 36 heures,
qui serait, à ce jour, le discours le
plus long jamais prononcé au monde.
On ne dit rien à propos de ceux
qui l'ont écouté...

VRAI OU FOU?

1- Un cotillon est une danse.

2- Une coucoumelle est un oiseau rare qui ressemble à un coucou.

3- Une mimolette est une pièce de théâtre mimée, sans voix.

Réponses à la page 108

Mon premier est dans
l'adresse postale.

Mon deuxième est la partie
molle du pain.

Mon troisième capte les
odeurs.

Certains animaux font mon
tout.

• •

Un médecin demande à son
patient :

- Avez-vous de la difficulté
à prendre une décision?

- Ça dépend. Oui et non...

Après sa première journée d'école, Lionel dit à sa mère :

- Maman, quand je serai grand, je serai enseignant.

- Magnifique! C'est bien de savoir ce que l'on veut faire et comment on veut gagner sa vie. Mais tu es si jeune... Pourquoi as-tu pris cette décision aujourd'hui? demande-t-elle.

- Puisque je suis obligé d'aller à l'école, il vaut mieux que je sois celui qui hurle en avant que celui qui reste assis, forcé à écouter...

Un Malaisien a tiré un train
de 7 wagons avec ses dents sur
une distance de 2,8 m.

Une femme offre ses services comme concierge dans une grande entreprise.

- Donnez-moi votre adresse électronique, demande la responsable des ressources humaines.

- Je n'ai pas d'adresse électronique ni d'ordinateur, explique la femme.

- C'est nécessaire! Pour nous, vous n'existez pas sans adresse électronique! Au revoir.

Une fois dans la rue, la femme aperçoit un marchand de fruits. Pour 10 $, elle achète une caisse de pommes. Elle s'installe au coin d'une rue et se met à les vendre. En moins d'une heure, toutes ses pommes sont vendues et elle rentre à la maison avec 100 $ en poche. Le lendemain, elle s'achète un chariot pour transporter plus de fruits. Elle triple ses revenus. Deux semaines plus tard, elle s'achète un vieux camion...

(suite à la page 37)

Bref, au bout de 5 ans, elle possède un entrepôt et plusieurs camions. Elle est millionnaire! Un jour, elle décide de faire son testament.

- Bravo! Vous avez fait de bonnes affaires, commente le notaire. Laissez-moi d'abord vous envoyer toute l'information par courrier électronique...

- C'est que je n'ai pas d'ordinateur, monsieur...

- C'est impossible! Avez-vous pensé à ce que vous feriez aujourd'hui si vous aviez acheté un ordinateur il y a 5 ans?

- Oui monsieur! Je serais concierge, au salaire minimum, dans une grande entreprise! lance-t-elle.

Mon premier est sans habits.

Mon deuxième ouvre les portes.

Mon troisième est ce que tu respires.

Mon tout concerne une forme d'énergie.

Mon premier est un rongeur.

Mon second est une boisson
faite avec du raisin.

Mon tout est une petite vallée
étroite dont les versants sont
escarpés.

• •

Mon premier est ce que fait un
cambrioleur.

Mon second est le temps
écoulé depuis ta naissance.

Mon tout se dit de quelqu'un
dont les sentiments changent
souvent.

Après une opération nécessitant une anesthésie générale, un jeune homme prend sa voiture pour rentrer chez lui. Un peu engourdi par les médicaments, il se retrouve bientôt en plein milieu d'une autoroute déserte. Des policiers arrivent de tous les côtés et voyant son état, ils décident de l'escorter jusqu'à sa maison. Ce soir-là, sa femme, qui est pilote de ligne, arrive à la maison et s'exclame :

- Tu ne devineras jamais ce qui m'est arrivé! J'allais atterrir quand j'ai vu un idiot rouler sur la piste en auto!

Un raton laveur ne vient pas
au monde avec son masque.
Le masque apparaît une dizaine
de jours après la naissance.

Une entreprise européenne a mis au point des bruits de fond pour téléphones cellulaires. Vous n'avez pas envie de rentrer à la maison tout de suite après l'école? Un coup de téléphone, et vos parents croiront que l'autobus est coincé dans un embouteillage.

Un riche avocat est sollicité par un organisme de charité.

- Monsieur, votre revenu annuel dépasse le million de dollars et vous ne donnez pas un sou aux plus démunis, soutient la responsable de l'organisme.

- Madame, ma mère a une maladie rare qui nécessite des soins spéciaux très coûteux, commence l'avocat. J'ai aussi 4 enfants à l'université. Ma sœur vient de perdre son travail et sa maison ,et mon frère est seul pour élever ses 5 enfants...

- Je suis désolée, dit la dame, je me sens mal à l'aise de vous demander de l'argent après tout ce que vous venez de me dire.

- Ouais... Si je ne donne pas d'argent à mes proches, pourquoi je vous en donnerais à vous?

POURQUOI LA FERMIÈRE MET-ELLE
LA POULE DANS UN BAIN CHAUD?
RÉPONSE : ELLE VEUT DES ŒUFS
DURS...

Au restaurant, un homme fait venir la serveuse pour se plaindre :

- Madame, cette soupe a un drôle de goût...

- Pourquoi ne riez-vous pas alors? dit la serveuse.

Mon premier est un bocal dans lequel on conserve de la nourriture.

Mon deuxième est là où tu dors.

Mon troisième est ce que tu mets pour couvrir ton oreiller.

Mon quatrième est la 19e lettre de l'alphabet.

Mon tout concerne les bonnes manières.

Une définition de
« bottes de caoutchouc » :
grandes chaussures permettant
aux enfants de mesurer la
profondeur des flaques d'eau.

QUI SUIS-JE? SI TU ME NOURRIS,
JE GRANDIS RAPIDEMENT. SI TU ME
DONNES DE L'EAU, JE MEURS.

RÉPONSE : LE FEU.

QU'EST-CE QUI TOMBE DE TRÈS,
TRÈS HAUT, SANS SE FAIRE
MAL?

RÉPONSE : LA PLUIE.

Chaque année, en France, des milliers de coureurs se déguisent pour participer au plus long marathon du monde. Il y a 21 points d'arrêt où les sportifs peuvent déguster des huîtres et du fromage et, pourquoi pas? un petit verre de vin.

VRAI OU FOU?

1- Émeri est un savon fabriqué à partir de graisse de bœuf.

2 - Un gargotier est le cuisinier d'un restaurant bon marché.

3 - Un planorbe est un mollusque dont la coquille est en spirale.

Réponses à la page 108

Mon premier est l'endroit où tu attends le train.

Mon deuxième tient tes mains au chaud.

Mon troisième est une syllabe du mot tarantule qui est aussi dans le mot pâturage.

Mon quatrième est la consonne entre r et t lorsque tu récites l'alphabet.

Mon cinquième est une syllabe du mot quenouille qui n'est pas dans grenouille.

Mon tout qualifie un repas pour un ogre.

En Italie, il existe une école pour
entraîner les chiens à effectuer des
sauvetages en mer... en plongeant d'un
hélicoptère! En principe, n'importe quel
chien de plus de 25 kg peut devenir
sauveteur à condition d'être docile
et... d'aimer l'eau.

À l'hôtel, un préposé explique à un client :

- Les chambres coûtent 60 $ la nuit, mais seulement 20 $ si vous faites votre lit vous-même.

- C'est très bien, alors je vais faire mon lit! annonce le client flairant une bonne aubaine.

- Donnez-moi un instant et je vous apporte du bois et des clous...

Un enseignant regarde ses élèves qui sont en train de dessiner. Voyant une élève fort concentrée sur son travail, il s'approche :

- Qu'est-ce que tu dessines? On dirait que... ça me ressemble!

- Je dessine le cambrioleur qui a volé les ordinateurs de l'école, dit la fillette, sans relever la tête.

- Mais personne ne sait à quoi ressemble le cambrioleur qui a volé les ordinateurs, n'est-ce pas? réplique l'enseignant.

- Donnez-moi quelques minutes et tout le monde va le savoir! dit l'élève.

Un professeur de danse dit à son élève :

- Vous seriez un excellent danseur, mais vous avez deux petits problèmes.

- Lesquels? demande l'élève.

- Vos deux pieds...

● ●

Un escargot entre dans une épicerie. Une caissière indique que l'endroit est strictement interdit aux escargots, puis elle lui donne un coup de pied qui le fait voler jusqu'au stationnement.

- Mais pourquoi avez-vous fait ça? demande l'escargot à la caissière... un an plus tard.

Mon premier est le contraire
de mort.

Mon deuxième couvre plus des
deux tiers de la planète Terre.

Mon troisième est le contraire
de court.

Mon tout est un instrument de
musique.

Au Moyen Âge, la mode des poulaines, chaussures très longues et pointues, était d'abord réservée à l'aristocratie. Les longues pointes des poulaines, se terminant souvent par un grelot, étaient si encombrantes qu'on les attachait aux genoux avec une chaînette d'or ou d'argent.

Lorsque les gens du peuple ont commencé eux aussi à porter des poulaines, les autorités ont décidé de réglementer la longueur des pointes selon le rang social : environ 15 cm pour les gens ordinaires, environ 30 cm pour les bourgeois et près de 50 cm pour les princes!

Mon premier est la consonne entre les lettres h et k.

Mon deuxième est une syllabe du mot gothique qui n'est pas dans le mot élastique.

Mon troisième est une boisson chaude appréciée des Anglais.

Mon tout est un verbe qui veut dire bouger sans cesse.

Haro sur le service au volant! Les Canadiens dépenseraient 1,8 million de dollars par jour en essence, simplement en faisant tourner leur moteur au ralenti. Dix secondes de marche au ralenti coûte plus cher que de couper le moteur, puis de le faire redémarrer.

Un médecin consulte le dossier de son patient et lui annonce :

- Mon cher, j'ai une bonne et une mauvaise nouvelle à vous annoncer. La bonne c'est qu'il vous reste 24 heures à vivre.

- Mon Dieu! Si c'est la bonne, je me demande quelle est la mauvaise! s'indigne le patient.

- La mauvaise, c'est que j'ai oublié de vous appeler hier...

Un homme se fait arrêter sur un boulevard. L'agent de police lui dit :

- Vous conduisez trop vite. Je peux voir votre permis de conduire, s'il vous plaît?

- Bien sûr, mais à quoi ça ressemble? demande l'homme.

- C'est une petite carte rectangulaire avec votre photo dessus, explique l'agent de police.

L'homme ouvre le coffre à gants et se met à fouiller. Il trouve un petit miroir rectangulaire. Il se regarde et annonce :

- Je l'ai trouvé! Et il tend le petit miroir à l'agent.

- Excusez-moi, monsieur, dit l'agent en regardant le miroir, je n'avais pas réalisé que vous étiez dans la police vous aussi...

Dans une ville de l'Utah, une femme de 70 ans a été arrêtée, puis menottée parce que son gazon était jaune - elle ne l'avait pas arrosé depuis un an. Un règlement dans cette ville oblige les propriétaires à entretenir leur gazon.

Mon premier est une syllabe du mot chemin, qui est aussi dans le mot vache.

Mon deuxième est synonyme de souhait.

Mon tout est différent d'une personne à l'autre.

. . . .

Mon premier est le contraire de bas.

Mon second est l'abréviation de téléphone.

Mon tout est un bâtiment.

Un amuseur public discute avec les enfants après son numéro.

- Quel âge as-tu? demande-t-il à Sarah.

- J'ai 6 ans, dit la fillette.

- Tu es grande! Et à moi, tu me donnes combien?

- Je suis désolée, dit Sarah, je ne peux rien donner... Je n'ai pas d'argent.

QU'EST-CE QUI PÈSE 5 KG LE MATIN,
20 KG À MIDI ET À PEINE 50 G LE SOIR?

RÉPONSE : TOI!

QUAND TA MÈRE TE DIT :

- C'EST LE MATIN! C'EST L'HEURE
DE TE LEVER MON PETIT MINOU.

- IL EST MIDI! VIENS MANGER
MON PETIT LION.

- IL EST 8 HEURES. C'EST L'HEURE
D'ALLER AU LIT MON POUSSIN...

Qui perd... gagne! En Californie, une femme a donné naissance à des quadruplets. Trois ans plus tôt, elle avait donné naissance à des triplets et le couple avait déjà deux filles. Faites le calcul! Le père voulait une grande famille. Quant à la mère, elle croyait que c'était fini après les triplets...

Mon premier est le résultat
de 10 x 10.

On met la balle de golf sur
celui-ci avant de frapper.

Mon troisième est une syllabe du
mot cannelle qui n'est pas dans
caneton.

Mon tout surveille.

Qu'est-ce que tu aurais si tu avais 5 $ dans une poche de ton pantalon et 10 $ dans l'autre?

Réponse : J'aurais le pantalon de quelqu'un d'autre...

QU'EST-CE QUI A DES DENTS, MAIS QUI NE PEUT PAS MANGER?

RÉPONSE : UN PEIGNE.

Les habitants de la région de Los Angeles perdent en moyenne trois jours par année dans leur voiture, à rouler pare-chocs contre pare-chocs...

- Tu n'as pas encore de petite sœur? demande Juliette à Véronica.

- Je n'en ai pas besoin. J'ai déjà un perroquet qui répète tout ce que je dis, une chienne qui n'arrête pas de me suivre et un chat qui griffe et qui abîme tous mes vêtements...

À Chicago, il est interdit
de pêcher en pyjama.

Un vétérinaire donne au fermier une énorme pilule pour son cheval malade.

- Mon cheval ne voudra jamais avaler ça! dit le fermier.

- Voici un bon un truc : mettez la pilule dans un tube, insérez le tube dans la bouche du cheval, puis soufflez bien fort dans le tube. Le cheval avalera la pilule sans s'en rendre compte.

- Parfait! lance le fermier.

Le lendemain, le fermier retourne voir le vétérinaire.

- Vous en faites une tête! s'exclame le vétérinaire. Comment va votre cheval aujourd'hui?

- Le cheval est comme hier... J'ai fait ce que vous m'avez dit avec le tube, mais il a soufflé avant moi! dit l'homme en s'affalant sur une chaise.

QU'EST-CE QUE LA GROSSE CHEMINÉE
DIT À LA PETITE CHEMINÉE?

RÉPONSE : TU ES TROP JEUNE POUR
FUMER...

Carlo dit à son enseignante :

- Je veux aller à la salle de
bain!

- Carlo! Est-ce que je peux aller
à la salle de bain, s'il vous plaît?
reprend l'enseignante.

- Non! Je l'ai demandé en
premier! explose Carlo.

Un homme regarde une femme qui est en train de faire des exercices dans un parc :

- Vous savez où se trouve le zoo? s'informe-t-il.

- Je suis désolée, je ne sais pas, répond la femme, pendant qu'elle marche sur les mains.

- Marchez 500 m en direction du sud, puis tournez à droite. Vous verrez l'entrée du zoo est à 200 m de là...

COMMENT PEUX-TU TRANSFORMER UN ŒUF EN BŒUF?

RÉPONSE : AJOUTE UN B DEVANT...

À Caracas, au Venezuela, on affirme avoir préparé la plus grosse soupe au monde. Dans le chaudron, d'une capacité de 15 000 litres, il y avait 3 000 kg de poulet, 2 000 kg de bœuf et des tonnes de légumes! On estime qu'il y en avait assez pour nourrir de 60 000 à 70 000 personnes!

Tout ce qu'il faut savoir à propos du chocolat...

- Le chocolat vient de la graine de cacao, ce qui en fait un fruit.

- Le sucre est d'origine végétale. Il vient de la canne à sucre et de la betterave à sucre.

- Les tablettes de chocolat contiennent du lait, un produit essentiel.

- Si la tablette contient des raisins et des noix, elle est encore plus nutritive.

Conclusion : Le chocolat est bon pour toi!

Conseils chocolatés

- Si ta tablette de chocolat fond dans tes mains, c'est que tu la manges trop lentement...

- Il faut manger en quantité égale du chocolat noir et du chocolat blanc. N'est-il pas important de manger équilibré?

- Une boîte de chocolats peut te fournir toutes les calories dont tu as besoin dans une journée... Pratique, n'est-ce pas?

Vous n'êtes tout de même pas obligé de croire tout ce qu'on vous dit!

Mon premier est un félin.

Mon deuxième est le contraire de beaucoup.

Mon troisième est une syllabe du mot tulipe qui est aussi dans le mot livreur.

Mon quatrième est ce que tu respires.

Mon tout est une personne qui exerce un métier d'art.

Un cochon peut courir
à la vitesse de 18 km/h.

Mon premier est un petit animal au corps mou et allongé.

Mon second est la 5e consonne de l'alphabet.

Mon tout est planté d'arbres.

 EST-CE QUE TA MÈRE T'A AIDÉ À FAIRE TON DEVOIR?

RÉPONSE : NON! ELLE L'A FAIT TOUTE SEULE!

Une fillette entre dans un magasin à 1 $ avec son père. L'homme donne 5 $ à sa fille et lui dit de le dépenser à sa guise. La fillette choisit 5 articles et s'avance vers la caisse.

- Tu dois enlever une chose, car tu n'as pas assez d'argent, dit la caissière. Avec les taxes, tu me dois 5,75 $.

La fillette regarde sur le comptoir, puis après quelques secondes de réflexion, elle se tourne vers son père :

- Papa, on ne prend pas les taxes, d'accord?

C'est la loi! Si on vous prend en train de malmener une pièce de monnaie au Canada, les autorités peuvent vous mettre à l'amende. Une pièce de un sou écrasée ou percée peut vous valoir une amende de... 250 \$! La loi stipule qu'il est interdit d'utiliser une pièce autrement qu'à titre de monnaie.

Pour se débarrasser d'une affreuse robe à motifs verts et orange, la propriétaire d'une boutique lance un concours auprès de ses employés.

- La vendeuse qui réussira à vendre la robe gardera la moitié du prix de vente!

- Après deux semaines, la propriétaire constate que l'affreuse robe n'est plus dans la boutique.

- Qui a fait la vente? demande-t-elle.

- C'est moi! répond fièrement Sylvie, et j'ai déjà encaissé mon dû.

- Très bien! Comment as-tu fait? Qu'est-ce que la femme a dit?

- Elle, rien du tout, mais son chien-guide a hurlé lorsqu'elle est sortie de la cabine d'essayage...

À Cleveland, en Ohio, il est illégal
d'attraper une souris sans
un permis de chasse.

QU'EST-CE QUE LES MEMBRES DE LA FAMILLE BÉDARD ONT EN COMMUN APRÈS AVOIR MANGÉ UN REPAS DE FÈVES AU LARD?

RÉPONSE : UN PETIT AIR DE FAMILLE...

Une femme explique à son docteur qu'elle s'est blessée au bras à plusieurs endroits.

- Madame, dit le docteur, j'espère que vous n'irez plus à ces endroits...

La plupart des gens
mettent 7 minutes à s'endormir.

Deux petits garçons discutent.

- Ma mère a donné un cadeau horrible à ma grand-mère pour son anniversaire. Je ne comprends pas pourquoi elle a fait une chose pareille! Ma grand-mère est si gentille. Elles doivent être en chicane...

- Qu'est-ce qu'elle lui a offert? demande l'autre, curieux.

- De l'eau de toilette! Beurk!

- Je pense comme toi. Quelque chose ne va plus entre ces deux-là... Ça sent mauvais!

Mon premier sert à faire des signaux aux bateaux.

Mon second est un adjectif possessif de la 1re personne du singulier.

Mon troisième coupe le bois.

Mon tout est un commerce spécialisé.

Ça existe! On a inventé
un écran géant gonflable pour
visionner des films à l'extérieur...
Pourquoi pas écouter un film dans
le confort de votre... piscine!

Josée et Nathalie se sont rencontrées à un cours de danse. Nathalie a interrompu ses leçons pendant quelques mois en raison d'une blessure au pied.

- Salut Nathalie! Il y a longtemps que je ne t'ai pas vue! En fait, je ne t'ai pas revue depuis que je t'ai prêté 100 $...

Les deux filles commencent à discuter. Josée insiste pour que Nathalie lui rende son billet de 100 $ sur-le-champ.

-Tu peux bien attendre après le cours, dit Nathalie.

- D'accord, fait Josée en soupirant.

Tout à coup, Nathalie se dirige vers la sortie alors que le cours vient à peine de commencer.

- Où vas-tu? crie Josée.

- J'ai décidé d'abandonner le cours...

Un cocotier produit environ
450 noix de coco par année
et l'arbre peut vivre
jusqu'à 100 ans.

- Mon amour, je t'aime tellement! Je me sens comme un chevalier au Moyen Âge. Je ferais tout ce que tu me demandes pour te plaire!

- Parfait, alors va me chercher du jus et des croustilles au dépanneur, lance la femme.

- Impossible! dit l'homme, il n'y avait pas de dépanneur au Moyen Âge...

QU'EST-CE QUE L'AIMANT DIT AU RÉFRIGÉRATEUR?

RÉPONSE : JE TE TROUVE PAS MAL ATTIRANT...

- Docteur, je jouais de l'harmonica et je l'ai avalé...
- Ouf! une chance que ce n'était pas une guitare...

Plus de 300 couples se marient
chaque jour à Las Vegas!
Le jour de la Saint-Valentin,
environ 1 500 mariages
sont célébrés!

Patientez jusqu'au matin! À l'été 2006, les autorités de Las Vegas ont décidé de ne plus délivrer de certificats de mariage entre minuit et 8 heures du matin. Il y avait seulement de 15 à 30 clients durant cette période, un nombre jugé insuffisant pour garder le bureau ouvert toute la nuit. Et comme la nuit porte conseil...

La directrice de l'école demande à une élève :

- J'ai eu des plaintes à ton sujet. Qu'est-ce que tu fais pendant les classes?

- Je ne fais rien du tout... répond l'élève.

Mon premier se tient dans les cheveux.

Mon second est la consonne entre les lettres n et q.

Mon tout est un jouet.

Une poignée d'arachides
est plus riche en protéines qu'un
morceau de bœuf du même poids.

En été, un grand arbre peut puiser du sol plus de 350 litres d'eau par jour, ce qui est l'équivalent de deux grosses baignoires remplies d'eau.

Mon premier tient ta tête.

Mon deuxième est une syllabe
du mot pelage qui n'est pas dans
le mot attelage.

Mon troisième est une séparation
dans les cheveux.

Mon tout est utile au boucher.

• •

Mon premier sert à tenir le
drapeau.

Mon second est une syllabe du
nom du journaliste dont le
compagnon est Milou...

Mon tout est une période du jour.

Une jeune fille entre chez le disquaire et demande au vendeur :

- Monsieur, avez-vous la chanson « L'abbé danse »

- Le rayon des disques religieux est au fond de la boutique. Si vous me chantez les paroles, je peux peut-être vous aider, dit le vendeur.

- Oui, c'est « l'abbé danse et veille, marions, mariez! »

(l'arbre est dans ses feuilles)

POURQUOI LE FERMIER ENTERRE-T-IL SON ARGENT DANS SON CHAMP?

RÉPONSE : IL VEUT UNE TERRE RICHE...

C'est un Torontois qui a inventé le
rouleau à peinture en 1940. Son
invention géniale ne l'a pourtant pas
rendu riche... Son idée était si bonne
que d'autres personnes ont vite
entrepris de copier son concept et
d'encaisser les profits à sa place.
Pauvre inventeur!

Un homme d'affaires se rend à l'hôtel après une dure journée de travail. Un préposé lui montre deux chambres identiques, mais il y en a une à 75 $ et l'autre à 100 $ la nuit. L'homme demande :

- Ces deux chambres sont pareilles, pourquoi ne coûtent-elles pas le même prix?

- Dans la chambre à 100 $, vous avez le câble gratuit...

L'arbre à pain, qui pousse dans les pays tropicaux, produit d'énormes fruits. Ils peuvent peser jusqu'à 4 kg et ont vraiment le goût du pain!

- Comment conjugue-t-on le verbe moudre au présent? demande une enseignante à un élève.

- Difficile... Vous ne pensez pas?

- Je ne pense pas! je le sais! dit l'enseignante.

- Eh bien, je suis comme vous... je ne pense pas que je le sais, dit l'élève.

COMMENT UNE FEMME ANNONCE-T-ELLE À SON MARI QU'ELLE A EU UN ACCIDENT AVEC SA SUPERBE VOITURE DE COLLECTION?

RÉPONSE : TU DOIS SAVOIR CHÉRI... LES COUSSINS GONFLABLES DE TA VOITURE FONCTIONNENT TRÈS TRÈS BIEN.

En Angleterre, jeter une chenille
par-dessus son épaule gauche
porte bonheur.

Un homme entre dans un bureau et dit :

- Docteur, j'ai mal à la jambe gauche, pouvez-vous m'aider?

- Désolé, je suis docteur en droit...

- Oh! Il y a longtemps que je n'ai pas consulté de médecin. J'ignorais que les médecins d'aujourd'hui étaient à ce point spécialisés...

• •

- Est-ce que tu as aimé ta première journée d'école? demande une mère à son petit garçon.

- Es-tu en train de me dire que j'y retourne demain? répond le garçon...

Selon une croyance populaire,
une mouche coincée dans un verre
annonce une rentrée d'argent...

Solutions

CHARADES

Page 32 VRAI OU FOU?

1- Vrai, mais c'est aussi une jupe de dessous que les paysannes portaient autrefois.
2- Fou. C'est un champignon.
3- Fou. C'est un fromage du nord de la France.

Page 49 VRAI OU FOU?

1- Fou. C'est une roche qui, réduite en poudre, est utilisée comme abrasif (exemple : lime à ongles).
2- Vrai.
3- Vrai.